VENTE DU 4 DÉCEMBRE 1912

COLLECTION A. DE R.

EX-LIBRIS FRANÇAIS

ET ÉTRANGERS

DES

XVIIe ET XVIIIe SIÈCLES

SEPTIÈME PARTIE

PARIS
EM. PAUL ET FILS ET GUILLEMIN
Libraires de la Bibliothèque Nationale
28, RUE DES BONS-ENFANTS, 28

Tours. — Imprimerie Tourangelle, 20-22, rue de la Préfecture.

LA VENTE AURA LIEU

Le Mercredi 4 Décembre 1912

A DEUX HEURES PRÉCISES DU SOIR

Dans les Salles de Ventes aux Enchères

DE LA LIBRAIRIE ÉM. PAUL ET FILS ET GUILLEMIN

28, rue des Bons-Enfants, 28 (Anciennes Maisons Silvestre et Labitte)

SALLE N° 1

Par le ministère de Me **ANDRÉ DESVOUGES**, Commissaire-Priseur

26, RUE DE LA GRANGE-BATELIÈRE, 26

Assisté de **MM. ÉM. PAUL ET FILS ET GUILLEMIN**, Libraires-Experts

28, RUE DES BONS-ENFANTS, 28

EXPOSITION PARTICULIÈRE

Le Mardi 3 Décembre 1912

28, RUE DES BONS-ENFANTS, 28

De 2 heures à 5 heures

CONDITIONS DE LA VENTE

La vente se fait expressément au comptant.

Les acquéreurs paieront 10 pour cent en sus des enchères.

Les Experts chargés de la vente rempliront, aux conditions d'usage, les commissions des personnes qui ne pourraient y assister.

COLLECTION A. DE R.

EX-LIBRIS FRANÇAIS

ET ÉTRANGERS

DES XVIIe ET XVIIIe SIÈCLES

SEPTIÈME PARTIE

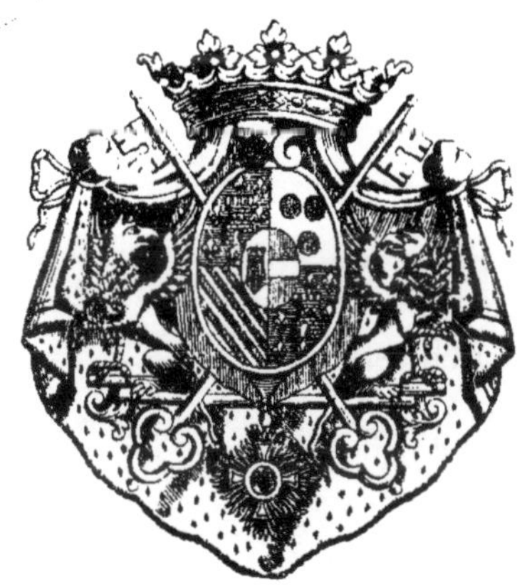

N° 2857 du Catalogue.

PARIS

EM. PAUL ET FILS ET GUILLEMIN

Libraires de la Bibliothèque Nationale

28, RUE DES BONS-ENFANTS, 28

1912

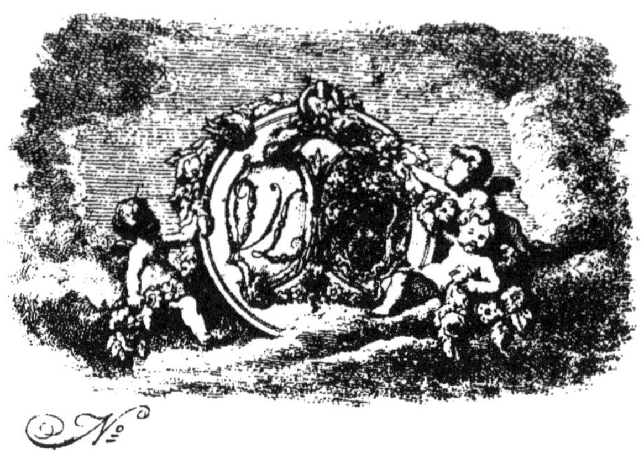

N° 2797 du Catalogue.

FRANCE

XVIIe SIÈCLE

2763. **Amiens** (Prémontrés d') ; in-4.

Belle épreuve.

2764. **Anonyme.** (*Ecartelé : aux 1 et 4, d'azur au lion d'or ; aux 2 et 3, de gueules, à 2 lévriers d'argent.*)

Epreuve à toutes marges.

2765. **Barnier** (Philippe-Emmanuel).

2766. **Besnier** (Ambroise), écuyer, conseiller, secrétaire du Roy honoraire, gr. par *Thomassin.*

Epreuve à toutes marges ; les qualités du titulaire sont écrites à la plume.

2767. **Bouhelier de Beaulieu** (Constantin), en Bourgogne ; 1679.

Très jolie pièce, *dessinée et peinte en couleur* sur un feuillet de garde, avec le nom du titulaire sur le feuillet correspondant.

2768. **Chassebras.**

Epreuve à toutes marges.

2769. (**Clerguet**), en Bourgogne ; grand in-8.

2770. (**Du Chesne de la Mothe**) (Jean-François).

2771. **Du Peyrat**, gr. par (*J. Picart*).

Rare.

2772. (**Fortin de la Hoguette**).

2773. **Hozier** (Louis-Pierre d'), généalogiste, juge d'armes de France. — 2 variantes.

2774. **Hue de la Roque** (Jean), chanoine doyen de l'Église de Rouen (don à la Bibliothèque de la ville en 1724), gr. par *J.-D. Beleau* ; grand in-8.

2775. (**Le Masle**) (Michel), abbé des Roches, secrétaire de Richelieu.

2776. **Lionne** (de), (marquis de Claveson) ; grand in-8.

2777. **Maulnorry**, (en Nivernais), gr. par (*J. Picart*).

Belle épreuve à toutes marges.

2778. **Ménage** (Gilles), 1692.

2779. (**Oraison**) (Elzéar d'), conseiller et avocat du Roi au siège de Digne en Provence, gr. par *Culot ;* petit in-4.

Pièce gravée au verso d'un titre.

2780. (**Picquefeu**) (de).

2781. (**Quiquebeuf de Rossy**).

2782. (**Saint-Lô**) (Prieuré de), à Rouen ; grand in-4.

Rare.
Epreuve à toutes marges. — Cassure raccommodée.

2783. **Sainte-Marie d'Auvers** (A.-C. de).

Epreuve non rognée (rare).

2784 (**Scott de la Mésangère**) : in-4.

2785. (**Scott de la Mésangère**) ; armes écartelées, avec de Scott sur letout) ; in-12.

2786. (**Taisand**) (Pierre), conseiller du Roi, trésorier de la généralité de Bourgogne et de Bresse, gr. par *Le Bossu.*

2787. (**Tarin**), en Bourgogne.

2 épreuves.

2788. **Vassy** (Claude de), marquis de Pirou, gr. par *J. Tonstain* ; petit in-8.

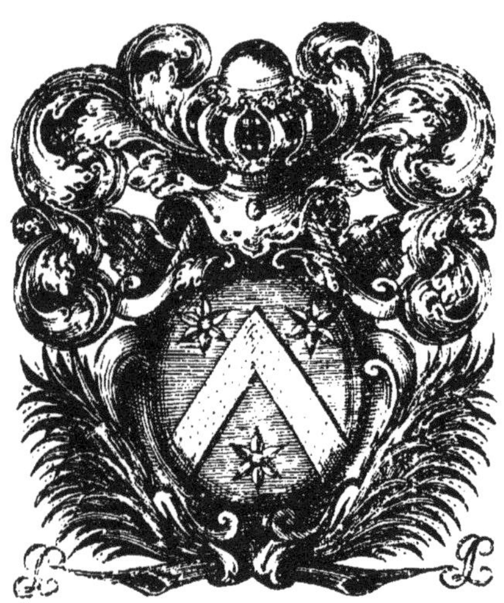

N° 2772 du Catalogue.

2789. (**Villedieu de Torcy**) (de) ; petit in-4 en largeur.

Quantin. *Ex-libris Bourguignons*, p. 61.

2790. **Y de Seraucourt** (Joseph-Nicolas de), vicaire général de l'Église de Rouen ; in-8.

Rare.

2791. (**Baillard des Cours**). — Jean Bardin ; in-4 (épreuve détériorée). — (Boussac). — Caumartin. — (Clopin). — (Du Refuge), gr. par *C. Bérain.* — (Fyot de la Marche) ; in-8. — (Girardot de Préfond). — Collège des Godrans à Dijon. — P.-Daniel H et. 1692 ; in-8. — (Lanau). — Jean de La Valette. — de Nesmond. — Ensemble 13 pièces.

2792. **Le Boiteulx** (Jean-Baptiste). — Chapitre de Reims, 2 variantes. — Claude Ruffier. — Saint-Antoine de Vienne. — Titon d'Orgery. — Titon de Villotran. — (Boussac). — Caumartin. — de Nesmond. — Trois Anonymes. — Ensemble 13 pièces.

XVIIIe SIÈCLE

2793. **Agard de Morogues** (Louis-Vincent), en Berry.

Epreuve à toutes marges, avec le nom du titulaire (ecclésiastique) manuscrit.

2794. **Alleray** (Mme d'Angran d'), gr. par *Louise Le Daulceur*, d'après *Durand*.

2795. **Alleray** (Mlle d'Angran d'), gr. par (*Louise Le Daulceur*).

Rare.

2796. **Anonyme**. (*D'argent, à la fasce de sable, accompagnée en chef de 3 canettes du même et en pointe d'une losange de gueules entre 2 roses de sable*) ; in-8.

Armes suspendues dans un intérieur de bibliothèque.

2797. **Anonyme**. (*D'azur, au chevron d'or chargé de 3 trèfles et accompagné de 3 molettes*), gr. par (*Ch.-G. Coupeau*).

Epreuve à toutes marges.
Voir la reproduction à la première page du texte.

2798. **Anonyme**. (*D'hermine, au chef d'azur chargé de 3 fleurs de lis d'or*; l'hermine est en outre chargée d'un écusson *d'or au lion de gueules couronné*) : in-12 en largeur.

Jolie pièce, très bien gravée.

2799. **Anonyme**. (*Ecartelé : aux 1 et 4 de gueules, au champ de blé accompagné en chef à senestre d'un soleil; aux 2 et 3, d'azur, à l'épée d'argent, la garde d'or*), gr. par *Baumès*.

Epreuve à toutes marges.

2800. **Anonyme**. (Un Dauphin supportant un cartouche renfermant un monogramme), gr. par *J.-P. Dupré*.

2801. **Auriol** (Pierre), gr. par *Baumès*.

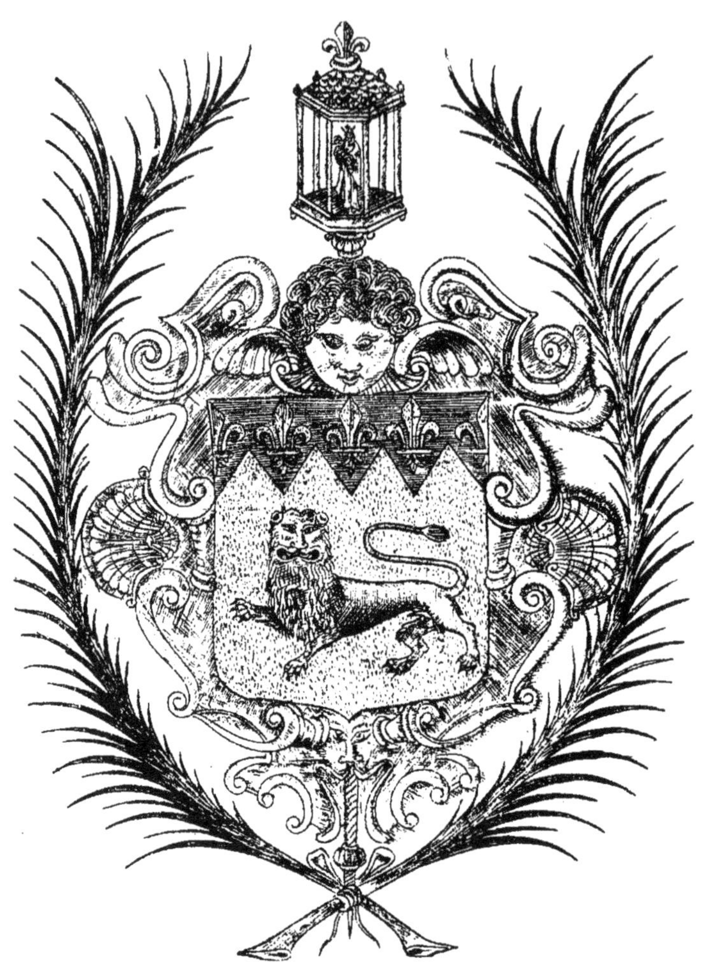

N° 2782 du Catalogue.

2.

2802. **Bellamy** (Edward), docteur-médecin.

2803. **Bérard de Chazelles.**

Pièce collée sur un exemplaire des *Témoins de la résurrection de Jésus-Christ*, par A. Le Moine. *La Haye*, 1732, in-8, v. ant.

2804. (**Berghes**) (Mme la vicomtesse de), née de Créquy-Canaples.

2805. **Béringhen** (Mme la Marquise de), née de Hautefort.

2806. (**Béthune-Hesdigneul**) (le Prince Eugène-François-Léon de), gr. par *M. Lemaire*, à Arras. — 2 variantes.

2807. (**Bigot de la Turgère**) (Mme la Présidente), née Du Hamel de Bellenglise, gr. par *D. D.*

2808. **Billioud des Rives**, chanoine.

2809. **Boisot** (Claude), chanoine de l'église de Besançon, prieur de Chaux-lès-Clerval, 1749.

2810. **Bouhélier** (**de Sermange**) (Charles-François), conseiller au Parlement de Besançon ; grand in-8.

Le nom du titulaire est, comme toujours, effacé à l'encre.

2811. **Bouillet** (B.-G.-E.). 2 variantes. — J.-B.-Ant, Bouillet d'Arlod ; in-8. — J.-B.-Ant. Bouillet du Chy ; in-8. — Ensemble 4 pièces.

2812. (**Bourbon-Malause**) (Mme la marquise de), née Marie-Françoise de Maniban.

Légère cassure.

2813. (**Bouvard**) **de Fourqueux**, procureur général de la Chambre des Comptes. — 2 variantes, dont une gr. par *Crépy*.

2814. **Boyveau** *l'Affecteur*, docteur en médecine. — 2 variantes, dont une avec le *bonnet phrygien*.

2815. **Brienne** (de), gr. par *C.-N. Varin*. — 2 variantes in-12 et in-8.

2816. (**Brochet de Saint-Prest**) (Mme de), en Orléanais.

Epreuve à toutes marges.

2817. **Broglie** (Mme la Marquise de), née de Besenval.

2818. **Campan** (Madame), (femme de chambre de la reine Marie-Antoinette) ; in-24.

Petite pièce très rare.
Epreuve à toutes marges.

2819. **Chanorier**, gr. par *de La Laure.*

Curieuse pièce avec attributs champêtres. — Epreuve à toutes marges.

2820. **Corraud** (J.-B,-R.), conseiller au Parlement ; petit in-8, gr. à l'eau-forte.

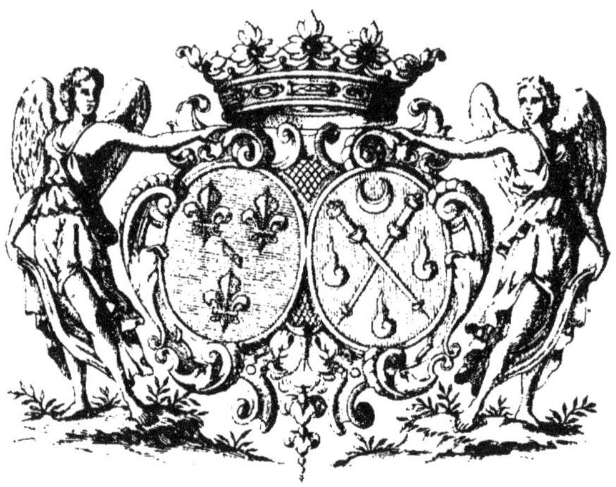

N° 2812 du Catalogue.

2821. **Couvert** (**de Coulons**). — **Gravelle de Fontaines**. — — Ensemble 2 pièces gr. par *Goüel.*

2822. (**Crozat**) (Mme la baronne de), née de Montmorency-Laval, par *F. Boucher*; in-8.

Rare.

2823. **Damas** (Mme la Comtesse Charles de), née Marie-Louise-Aglaé Andrault de Langeron.

2824. **Dauphine** (Bibliothèque de Madame la), gr. par *Ch. Eisen*, en 1770 ; grand in-8.

Frontispice du Catalogue de la Bibliothèque de la Reine Marie-Antoinette, alors Dauphine de France.

2825. **Deprès** (P.-A.), professeur de droit à Douai.

Epreuve à toutes marges.

2826. (**Deschamps**) **de la Villeneuve** (officier au Dauphin-Infanterie).

Epreuve à toutes marges.

2827. **Desmarquets** (Charles), gr. par *Bourgeois*.

2828. (**Des Salles**) (Claude-Gustave-Chrétien), marquis de Bulgnéville, gouverneur de Vaucouleurs, gr. par *Nicole*, à Nancy ; in-8.

2829 (**Du Clusel**) (Mme), née Marie-Thérèse Touzard.

2830. **Dugad** (Lambert-Claude), curé de Saint-Pierre et Saint-Saturnin de Lyon ; in-8.

2831 (**Du Lau**) **d'Allemans**.

2832. **Failly**.

2833. **Faultrières** (Michel, comte de), lieutenant du Roy de la province de Charollois, gr. par *Ferrand*, 1730.

2834. **Flines** (de) : petit in-8.

2835. **Francœur** l'aîné, gr. par *Collard*.

Curieuse pièce.

2836. **Gillet** (**de Valbreuse**) (Jean-François), écuyer, 1778. — 2 états tirés en noir et *en bleu*.

2837. **Glandevès-Mercier** (de).

Ex-libris de Lucie-Marie de GLANDEVÈS, épouse de Charles-Magloire-Dieudonné de MERCIER.

2838. **Godard** (Jacques) ; petit in-8.

2839. **Godefroy**, gr. par *D. C.* (*Daniel Chodowiecki*).

2840. **Godrans** (Collège des), à Dijon, gr. par (*L. Monnier*). — 2 variantes in-12 et petit in-4.

2841. **Gontier**, chevallier d'Auvillars ; in-8 en largeur.

2842. **Gosset de Saint-Clair** (Pierre), docteur-médecin de la faculté de Montpellier, gr. par (*Gaucher*).

2843. **Grognard** (François).

Épreuve intacte de cette pièce souvent découpée pour servir de cache à à l'ex-libris de Jaume (voir le n° 2851).

2844. **Guerry** (C.-T.-F., chevalier de), gr. par *Ollivault*, à Rennes.

Jolie pièce.

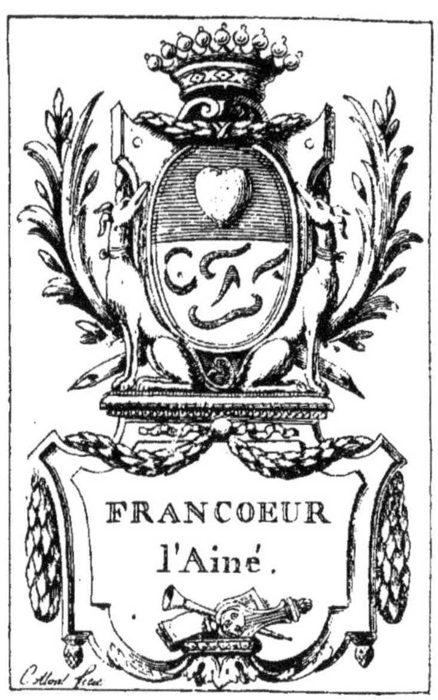

N° 2835 du Catalogue.

2845. **Gueulette** (Thomas), gr. par *H. Bécat*; in-8.

Pièce très recherchée.
Légère piqûre de ver.

2846. **Havé** (A.-J.), gr. par *V. de S.* (*Varlet de Semeuze*), en 1761 ; in-12 en largeur.

2847. (**Helvétius**) (Claude-Adrien), le célèbre philosophe, auteur du livre : *De l'Esprit*.

2848. **Henrion** (Camille-Henri), gr. par *Cl. Roy*.

État très rare, avec les étoiles d'argent et sans la croix de chevalier.

2849. **Henssens** (d').

Épreuve à toutes marges.

2850. **Hermant** (Joseph), curé de Saint-Pierre de Maltot, près Caen.

Intérieur de bibliothèque. — Très rare.
Epreuve à toutes marges.

2851. **Jaume** (François-Thomas) ; grand in-8.

2852. **Joubert** (de), président en la Cour des Comptes de Montpellier, gr. par *Chalmandrier* ; in-8.

Jolie pièce très recherchée.

2853. (**Jubert de Bouville**) (Mme de), née de Lampérière de Montigny ; in-8,

2854. **Lambel**, (député de la sénéchaussée de Villefranche de Rouergue aux Etats-Généraux de 1789).

Pièce révolutionnaire, très recherchée.

2855. **Lanau** (André-Barth.), conseiller du Roi à Arles, gr. par *Michel*.

2856. **La Salle St Bois** (Jacques de).

2857. (**La Tour d'Auvergne**) (Charles-Godefroy de), Grand-Chambellan de France.

Très rare.
Voir la reproduction sur le titre du Catalogue.

2858. (**La Tour d'Auvergne**) ; in-16 de forme ronde.

2859. (**La Trémoille**) (Ch.-Armand-René, duc de).

2860. **Lavaïsse** (Marc-Antoine), docteur-médecin.

Epreuve tirée en sanguine.

2861. **Le Cat**, chirurgien en chef de l'Hôtel-Dieu de Rouen, gr. par *Hérisset* ; in-12 en largeur.

2862. (**Le Conte de Nonant**), marquis de Raray.

2863. **Le Jourdan**, conseiller en l'Amirauté. — 5 variantes gr. par *G. D. T.* (*Grosson de Truc*) et *L. M. P.*

2864. (**Lenglet de Schoebeck**), gr. par *J.-B. Carpentier.*

2865. **Le Normant** (Jean), évêque d'Evreux. — 2 variantes in-12 et in-4.

Epreuves à toutes marges.

2866. (**Le Pelletier**) **de Rosanbo** (Mme la Présidente), née Marguerite de LAMOIGNON DE MALESHERBES.

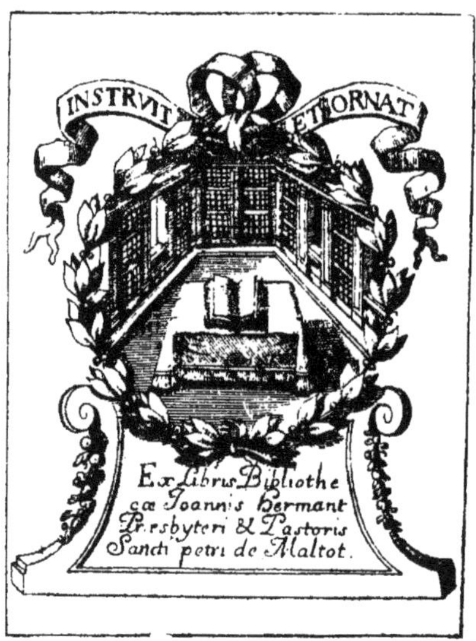

N° 2850 du Catalogue.

2867. **Le Roy de Mont-Flobert.**

Très rare.
Petit trou n'atteignant pas la composition.

2868. **Le Tual** (docteur-médecin), gr. par *Biosse*; in-8;

Curieuse pièce.
Nom du titulaire effacé à l'encre.

2869. **Libert de Beaumont**, gr. par *J. Derond.*

2870. **Louise-Adélaïde de Bourbon-** (**Conti**) (Mlle).

Rare.

2871. (**Lyon**) (Chapitre des Comtes de), gr. par *Serancourt ;* grand in 4 ovale.

Voir : *Armorial du Lyonnais,* page 358.

2872. **Lyon** : Augustins de Lyon. — MM. les Comtes de Lyon. — Grands Carmes. — Carmes déchaussés. — Séminaire Saint-Charles. — Séminaire Saint-Irénée ; 2 variantes. — Ensemble 7 pièces.

2873. (**Maire de Bouligney**), conseiller au Parlement de Besançon.

2874. (**Mayeux.**)

Curieux ex-libris à rébus.

2875. **Melizet** (Jean-Jacques).

2876. **Micolon de Blanval** (Joseph), abbé de Beaulieu, vicaire-général du diocèse de Clermont.

Epreuve à toutes marges.

2877. **Millet de Chevers** (de), gr. par *Collin,* à Nancy, en 1756.

2878. (**Mirabeau**) (Victor Riquetti, marquis de), auteur de l'*Ami des Hommes.*

2879. **Montmajour** (Abbaye de), près d'Arles, gr. par *Brupacher,* 1765 ; in-8.

2880. **Morand,** (docteur-médecin). — 2 variantes.

Pièces avec attributs macabres.

2881. **Nay** (Emmanuel, comte de) et de Richecourt.

Epreuve à toutes marges.

2882. (**O'Brien**) (Charles), maréchal de France, commandant en Languedoc ; in-4.

Très rare.

2883. **Perrault** (François), curé de Praville, en Beauce, gr. par *Le Tillier,* en 1764 ; grand in-8.

2884. **Petipas**, gr. par *L. D.*

Epreuve à toutes marges.

2885. (**Planelli de Mascrany de la Valette**) (Laurent) ; grand in-4, gr. sur cuivre.

2886. **Ponchel** (du).

Epreuve à toutes marges.

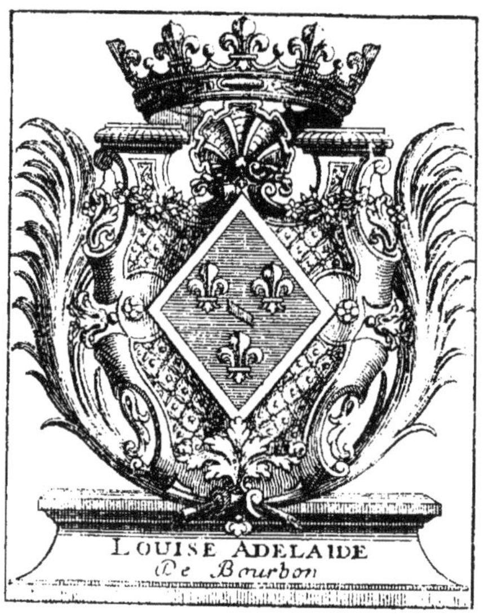

N° 2870 du Catalogue.

2887. (**Pucelle**) (René), abbé de Saint-Léonard de Corbigny, gr. par *Tardieu fils.*

2888. **Robethon** (Mlle de), rue des Maçons, place de Sorbonne.

Rare.

2889. **Rouen** (Collège archiépiscopal de Bourbon, à) ; **in-4.**

2890 **Rouveyre** (Pierre-Joseph), docteur en droit.

2891. **Rozier**, (chanoine de Saint-Paul de Lyon), dessiné et gravé par *Billé.*

2892. **Ryard** (Jean-Ant.), lieutenant-général en la cour du présidial de Châlon-sur-Saône, gr. par *C. Phelippeau*.

2893. **Samier** (Jean-François), prêtre de la Congrégation des Missions ; in-8.

2894. (**Samson**) (Alex.-Paul-Louis-Fr.-de), lieutenant au régiment de Penthièvre-Infanterie.

2895. **Sangnier d'Abrancourt**, gr. par *Louise Duv.* (*ivier*) *Tardieu*.

Epreuve à toutes marges.

2896. **Sautereau-Montessuy** (Mme de) ; grand in-4 en largeur.

2897. **Silva** (Mme de) ; in-12 en largeur.

Légende manuscrite.

2898. (**Stolberg**) (Louise-Marie de), comtesse d'Albany, *inv. et gr. P. S. R. A.*

Charmante pièce, très recherchée,

2899. **Tarare** (les Amis de la Charte à Hor.·. de).

Epreuve coloriée.

2900. **Tellus** (Ant.-Louis), avocat à Avignon, gr. par *Veyrier*, 1760.

2901. **Thiballier** (A.), chanoine de l'église Sainte-Marie-Madeleine à Verdun ; in-16. — 2 variantes, dont une *avant la lettre*.

2902. (**Vallou de Boisroger**) (Michel).

2903. **Valory** (Paul-Frédéric-Charles de).

Epreuve à toutes marges tirée de format in-4.

2904. **Vassal** (Mme de), (née de Pas de Beaulieu). — 2 variantes, dont une au nom de son mari.

2905. (**Vendières**) (Hubert de), procureur-général du Roi à Bar.

2906. **Victoire de France** (Madame), gr. par *C. Baron*.

2907. **Villeneuve-Martignan** (de), gr. par *J. Michel* de Genève, à Avignon, 1732 ; in-8.

Rare.

2908. **Vintimille** (Mme de), née Talbot de Tyrconnel.

2909. **Wavrechin** (de), gr. par *Danchin*, à Cambrai.

2910. **Boecler**, gr, par *J. Striedbeck*. — Mme Du Bu de Longchamp, par *Ollivault*. — Frizon de Blamont, 1704, par *P. Leroux*. — de La Maillardière, par *Legrand*. — (Leplanquais,) par *Doyen* (nom du titulaire découpé). — (Rosen), par *J. Striedbeck*. — Rozier, par *Billé*. — (Varagne de Gardouch), par *Nonot*. — Joseph Naupi par *Avisse*. — Ensemble, 9 pièces.

2911. **Anonymes**. — Réunion de 13 pièces.

2912. **Abbayes**, Couvents et Monastères. — Réunion de 13 pièces.

2913. **Archevêques** et Evêques. — Réunion de 19 pièces.

2914. **Ecclésiastiques**. — Réunion de 42 pièces. (*Ce numéro sera divisé.*)

2915. **Héraldiques** divers. — Réunion de 71 pièces. (*Ce numéro sera divisé.*)

2916. **Etiquettes**. — Réunion de 15 pièces, la plupart avec encadrements typographiés.

2917. **Ex-libris** détériorés. — Réunion de 24 pièces.

2918. **Blasons** de dédicaces, frontispices armoriés, etc., des XVIIe et XVIIIe siècles. — Réunion de 22 pièces, la plupart de format in-8 et signées.

2919. **Marques** d'Imprimeurs Lyonnais du XVIIe siècle. — Réunion de 9 pièces, dont deux gr. sur bois et sept gr. sur cuivre.

2920. **Réimpressions** d'Ex-libris des XVIIe et XVIIIe siècles. — Réunion de 20 pièces in-12, in-8 et in-4.

XIXe SIÈCLE.

2921. **Caffarelli** (Charles-Ambroise et Eugène). — 8 pièces diverses.

2922. **Crozet** (Amédée, Ernest et Laurent de), à Marseille. — 20 pièces sur papiers de couleur.

Collection complète.

2923. **Des Robert** (A., Edmond et F.). — 11 pièces, en noir et en couleur.

2924. **Lormier** (Charles), avocat à Rouen. — 16 pièces diverses, essais de couleurs, etc.

2925. **Ex-libris** de la première moitié du XIXe siècle. — Réunion de 67 pièces.

2926. **Ex-libris** de la seconde moitié du XIXe siècle. — Réunion de 200 pièces de divers formats, dont plusieurs gr. à l'eau-forte, en héliogravure, ou en chromolithographie.

2927. **Ex-libris** de la seconde moitié du XIXe siècle, la plupart héraldiques, gravés sur cuivre ou à l'eau-forte. — Réunion de 100 pièces.

2928. **Adresses** illustrées, cartes de clubs révolutionnaires, etc. — Réunion de 11 pièces.

Blaisot neveu, marchand d'estampes. — *Chevallier*, opticien — *Lemoine*, distillateur ; 2 pièces. — *Suireau*, lampiste. — Club de *Barjols* (Var). — Etc.

ÉTRANGER

ALLEMAGNE

XVIe et XVIIe SIÈCLES

2929. (**Knoeringen**) (Henri de), évêque d'Augsbourg, gr. sur bois, en 1600.

2930. **Anonyme**. (Trois blasons supportés par deux femmes agenouillées avec la devise : *Pro Deo et pro populo* ; gr. par *D. M.*

2931. **Baldauf**. (Fundatio Baldaufica) : in-8.

Jolie pièce, très bien gravée.

2932. **Denich** (Sébastien), évêque d'Almira, 1672 ; in-8.

2933. (**Knoeringen**) (Henri), évêque d'Augsbourg, gr. sur bois en 1600 (petite déchirure et piqûres de vers). — Archiconf. B. M. V. de Consol. in RAMSAU. — (RINK VON BALDENSTEIN), évêque de Bâle. — ANONYME (ecclésiastique héraldique), gr. en 1672, avec les initiales C. R. — Ensemble 4 pièces.

XVIIIe SIÈCLE

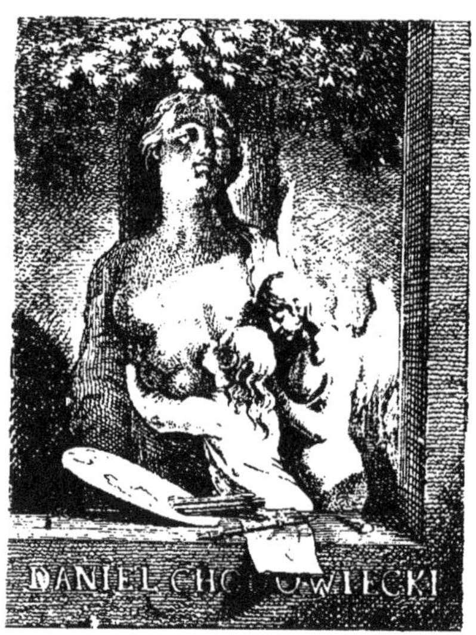

N° 2937 du Catalogue.

2934. **Augsbourg** (Dominicains d'). — Dominicains de MEDLINGEN. — Dominicains de RATISBONNE, gr. par *J.-A. Friedrich.* — Ensemble 3 pièces.

2935. (**Bavière**) (S. A. Madame l'Electrice de); in-8.

2936. **Brunswick-Oels** (Fréd.-Aug., duc de). — 2 variantes.

2937. **Chodowiecki** (Daniel), gr. par (*lui-même*).

Curieuse et gracieuse composition.

2938. **Friedlænder** (David), gr. par *D. Chodowiecki.*

2939. **Grundig.**

2940. **Hæberlin** (François-Dominique). à Ulm; grand in-8 en largeur.

Très jolie composition. — *Warnecke*, n° 715.

2941 **Halle** (Bibliothèque de l'Orphelinat de) ; in-12 en largeur.

Intérieur de bibliothèque. — *Warnecke*, n° 739.

2942. (**La Marck**) (Prince et Princesse de) et d'Arenberg. — 4 pièces.

2943 (**Munich**) (Bibliothèque de la Maison d'exercices des Jésuites de).

Jolie pièce, avec le portrait de Saint Louis de Gonzague.

2944. **Nack** (J.-Bern.), citoyen et marchand de Francfort, gr. par *de St-Hilaire*, d'après *D. Osterländer*, 1759 ; in-8.

2945. **Nicolai** (Fried), célèbre libraire Berlinois. — 2 variantes in-12 et petit in-4.

2946. **Prieser** ; in-8.

Intérieur de bibliothèque.

2947. (**Reuss**) (Dietrich), gr. par *J.-C.Berndt*, à Francfort.

Warnecke, n° 1717.

2948. **Reuss** (J.-C.-G.), 1805.

Jolie pièce, tirée en bistre.

2949. **Schoenborn** (Anselme-François, comte de), maréchal-lieutenant et colonel d'un Régiment de Dragons..., petit in-8.

2950. (**Tôpsel**) (Franz), prieur du monastère de Polling (Bavière), gr. par *Jungwierth*, en 1744 ; in-8. — 2 exemplaires tirés sur papier différent.

2951. **Weiner**,

Jolie pièce, très bien gravée.

2952. **Augusti** (Fr.-Jos. de). — Comte Chotek, gr. par *J. Boehm*; in-4. — Léopold von Hohenhausen, gr. par *F.-L. Herr*; in-8.

— (Kellner), gr. par *Tyroff*. — J.-J. de Orban. — Amédée Svajer. — Adélaïde, comtesse de Törring-Seefeld. — Marc-Ant. Wittola. — Ensemble 8 pièces.

2953. **Anonymes**. — Réunion de 6 pièces in-12, in-8 et in-4, dont trois gr. par *Böttger*, *M.-Ant. Dalré* et *Jungwierth*.

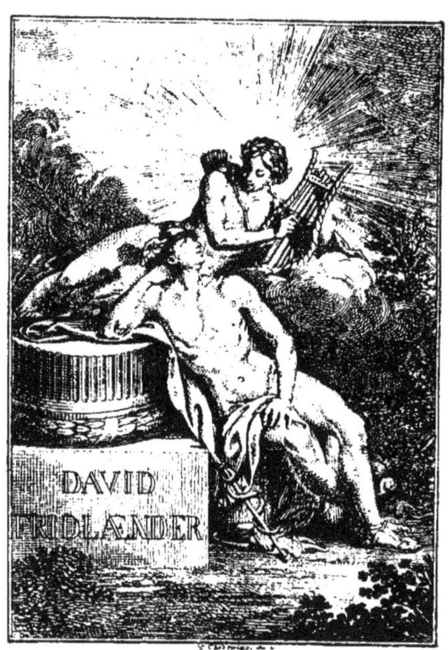

N° 2938 du Catalogue.

2954. **Ecclésiastiques**. — Réunion de 9 pièces in-12 et in-8, dont quatre anonymes.

2955. **Ex-libris** modernes, tirés en noir ou en couleurs, en hélio gravure, etc. — Réunion de 360 pièces de divers formats.

ANGLETERRE

XVIIIe SIÈCLE

2956. **Bullock** (John) ; in-12 en largeur.

Jolie pièce avec paysage dans le fond, représentant une armée attaquant une place forte. — Rare.

2957. **Croydon**, gr. par *J. Rickard.*

Curieuse pièce dont le titulaire était imprimeur, libraire et *fabricant de parapluies !*

2958. **Stapylton** (Martin), seigneur de Myton, 1817 ; in-4.

2959. **Stourbridge** (Bibliothèque de), fondee en 1790, gr. par *Howe* ; in-8.

Intérieur de bibliothèque, très finement gravé.
Epreuve tirée en bistre.

2960. **Ex-libris** modernes. — Réunion de 122 pièces.

BELGIQUE ET HOLLANDE

XVIIe ET XVIIIe SIÈCLES

2961. **Hamme** (Guillaume van), chanoine de l'Église cathédrale d'Anvers, 1659 ; grand in-4.

Rare.

2962. (**Bosch**) (Louis). gr. par *L. Fruytiers* (1740).

Intérieur de bibliothèque, avec portrait du titulaire.

2963. (**Mols**) (François van), gr. par (*Saint-Aubin, d'après Gravelot*).

2964. (**Paefenrode**) (van), gr. par *L. Fruytiers.*

Belle épreuve tirée *en sanguine.*

2965. **Saint-Pierre au Mont Blandin** (Abbaye de), à Gand. — 2 variantes, dont une à toutes marges gr. par *P. Wauters*, 1754.

2966. (**Cano**) (Ph.-Jos.de) ; 2 variantes. — (Dominique de GENTES), évêque d'Anvers ; 2 variantes gr. par *L. Fruytiers* et *de Meuse.* — (Corneille-François de NELIS), évêque d'Anvers, gr. par (*Tardieu,* d'après *Piauger*). — (Van der NOOT D'ASSCHE), gr. par *de Meuse.* — (Monastère de SAINT-MARTIN DE TOURNAI). — (de SMET), évêque de Gand. — C. VAN HULTHEM, gr. par *A. Carden,* d'après *A. Lens.* — Deux Anonymes. — Ensemble 11 pièces, dont une in-4 et sept grand in-8.

ITALIE

XVIIe SIÈCLE

2967. (**Barnabo**) ; in-4, gr. sur bois

Gelli, p. 35.

2968. **Caresanus** (Fr. Angelus), bachelier en théologie, à Tortone, 1615 ; in-4.

2969. **Controni** (Giovanni) ; in-4.

Pièce gravée à l'eau-forte.

2970. (**Innocent XII**) (Antoine PIGNATELLI, pape sous le nom de) ; pièce gr. sur bois et tirée sur un f. de garde.

2971. **Pasco-Cibo**, gr. par *M. R. G. O. S.*

Ex-libris très rare, l'un des plus anciens connus en Italie.

2972. **Spreti** (Hier.).

2973. **Vitelli** (Francesco), archevêque de Thessalonique ; gr. sur bois.

XVIIIe SIÈCLE

2974. **Ancajani** (Fr.), gr. par *Mazzoni.* — Angelo ANTONELLI (par le même). — Ensemble 2 pièces.

2975. **Anonyme.** (*D'argent, à la bande d'azur chargée de 3 étoiles du champ*), gr. par *G. Patrini,* d'après *G. Lucatelli* ; in-12 en largeur.

Jolie pièce, très bien gravée.

2976. **Angeli** (Luigi). — 2 pièces in-12 et in-8 en largeur.

2977. **Brizio della Veglia** (le comte) ; in 12 en largeur.

*2978. (**Caissotti**) (Francesco-Giacinto), gr. par *Gay;* in-4 en largeur.

2979. (**Carafa della Spina**), gr. par *Catanco.*

Jolie pièce.
Gelli, page 92, n° 2.

2980. **Casanate** (Bibliothèque), à Rome ; in-4.

Vue intérieure de la Bibliothèque.

2981. **Collalto** (le comte Jacques-Maxim.). — 2 pièces in-12 et in-8 en largeur, gr. par *T. Viero.*

Epreuves à toutes marges.

2982. **Delfino** (le chevalier).

Intérieur de bibliothèque.

2983. (**Garelli**) (Pie-Nicolas), célèbre médecin et bibliophile; in-4.

Intérieur de bibliothèque,

2984. **Gravina** (Domenico), gr. par *Garofalo.*

Jolie pièce, bien gravée.

2985. (**Gubernatis**) (Girolamo-Marcello de), gr. par *B. J. Tasnière*, à Turin, en 1711. — 2 variantes in-8 et in-4,

Belles pièces. — Légère cassure à la plus grande.

2986. **Linati** (Filippo), gr. par *Cagnoni*, à Milan ; in-12 en largeur.

Jolie pièce avec le portrait du titulaire.

2987. (**Malaspina**) (Giuseppe), abbé de San-Marzano de Tortona, gr. par *Barth.-Jos. Tasnière*, à Turin, en 1828 ; in-8.

Jolie pièce.

2988. **Malaspina** (le marquis de), gr. par *P. Zancon*; petit in-8 en largeur.

Epreuve à toutes marges.

2989. **Manfredi** (le marquis Gio.-Batt.), gr. par *G.-C. Bianchi*; in-12 en largeur.

2990. (**Papafava dei Carraresi**); in-8 en largeur.

2991. **Pasta** (Maria); in-12 en largeur, gr. à l'aquatinte (vers 1810).

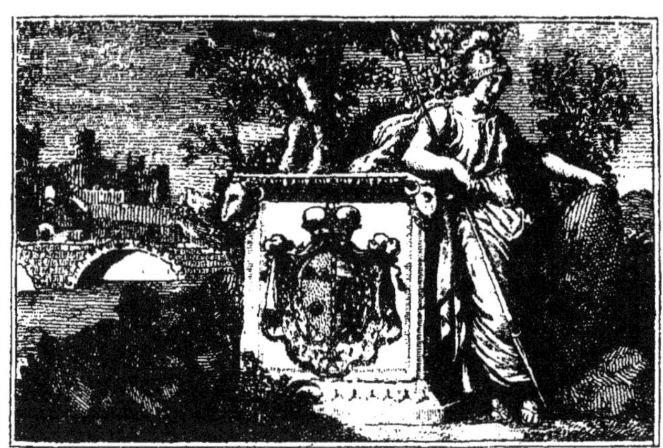

Ex Bibliotheca Principis Marsici novi

N° 2992 du Catalogue.

2992. (**Pignatelli**) de Marsico-Nuovo (Giovanni, prince de); in-8 en largeur.

2993. (**Valenti-Gonzaga**) (le cardinal). — 4 variantes.

2994. **Vargas-Macciuca** (François et Thomas). — 3 pièces différentes.

In-12 tiré en bleu (armes); in-8 en largeur (monogramme); in-4 typographié.

2995. **Anonymes**. — Réunion de 7 pièces, dont une in-4 gr. sur bois par *V. F. F.* et une in-8 gr. par *Séb. Morellus*.

2996. **Ecclésiastiques**. — Réunion de 11 pièces.

2997. **Héraldiques** divers. — Réunion de 10 pièces.

SUISSE

XVII° SIÈCLE

2998. (**Edlibach.**)

Pièce avec ornements macabres.

2999. (**Rinck de Baldenstein**) (Guillaume), évêque de Bâle ; petit in-4, gr. sur bois.

Rare. — Légère restauration.
Gersler, n° 108.

3000. (**Seigneux**) (G. de) ; grand in-4.

Très belle et très rare pièce.

XVIII° SIÈCLE

3001. **Affry** (le comte d'), gr. par *Demouchy.*

Epreuve à toutes marges,

3002. (**Berger ?**), avec la devise ; *Prudentia et Industria* ; grand in-8 carré.

3003. **Eberstein** (Chr.-Fr.-Carl von), chanoine à Bâle ; in-8.

Intérieur de bibliothèque.

3004. (**Escher** vom Luchs) (Hans-Conrad).

Gersler, n° 628.
Epreuve à toutes marges.

3005. **Jenner** (J.-A.), gr. par *M. Wocher* ; grand-in-8.

3006. **Kilchberguer** (C.-R.).

Jolie pièce dans le goût français du XVIII° siècle.

3007. **Lulin** (Amédée), gr. par *B. Picart*, 1722 ; grand in-8.

Pièce très recherchée.

3008. **Manuel** (Rud.-Gabr.) gr. par *B.-A Dunker* d'après *R.-G. Manuel* ; grand in-8.

3009. **Mülinen** (Fried. von), gr. par. *D.* (*Dunker*). — MULINEN VON KONITZ. — Bercht.-Emm. von MULINEN, gr. par *F. Lutz.* — Ensemble 3 pièces.

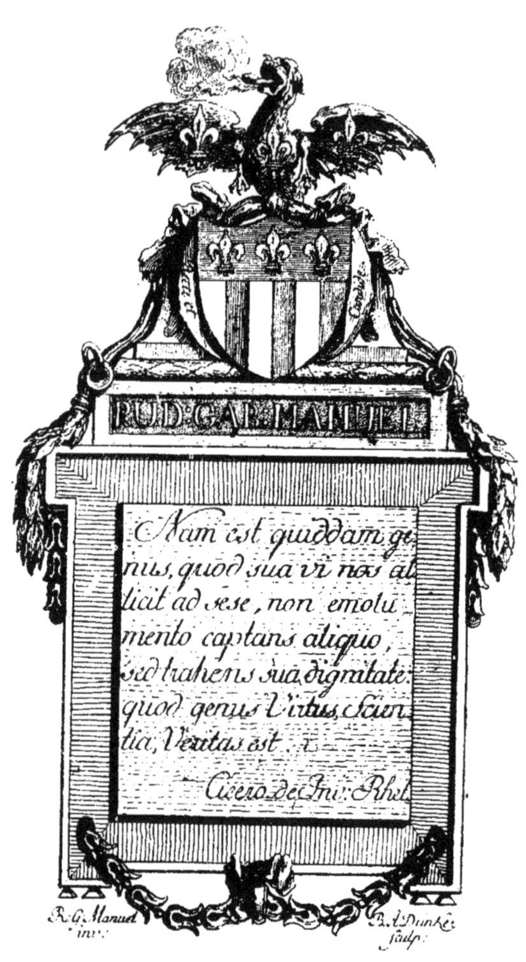

N° 3008 du Catalogue.

3010. (**Ott**) (Hans-Caspar), à Zurich.

Gerster, n° 1720.

3011. (**Saint-Urban**) (Monastère de). — (ZUR-LAUBEN). — B. CHARBONNIER. — Ensemble 3 pièces tirées in-4.

3012. (**Schafthouse**) (Société littéraire *Musis et Amicis* de), par *H. Lips*, *Schellenberg* et autres. — 4 pièces différentes.

Gerster, n°° 1993 à 1996.

3013. **Scherer** (Gaspar). — J.-Ch. SCHERER. — Ensemble 2 pièces.

3014. (**Smeth**) (de), baron de Coppet, seigneur de Grandcourt, gr. par *Gio. Lupi*, à Livourne, en 1766 ; grand in-8 en largeur.

3015. **Balthasar** (J.-Dietr.). — CANNAC ; in-8 ovale. — de CHAPEAUROUGE-MESTREZAT. — CRAMER. — GALLATIN, gr. par *Robin*. — Balth.-Joseph GLOGGNER. — Franciscains de LUCERNE. — Fried. von MULINEN. — J.-Ch. SCHERER. — (Baronne de STAEL). — Ensemble 10 pièces.

POLOGNE, RUSSIE, ETC

XVIIIe SIÈCLE.

3016. (**Frédéric-Christian**), Prince de Pologne et Electeur de Saxe, gr. par *Fr. Zucchi* ; in-8.

3017. **Wegry-Wegierski** (le comte Thomas-Gaëtan de). — Le Prince Anatole DEMIDOFF. — Ph. SCHUBERT. — SOBOLEWSKI. — Ensemble 4 pièces.

3018. **Ex-libris** modernes Danois, Suédois et Norvégiens. — Réunion de 23 pièces.

N° 1425-XXI

Tours. — Imprimerie Tourangelle, 20-22, rue de la Préfecture.

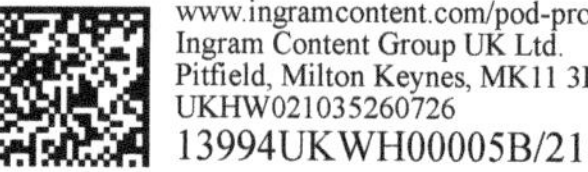

www.ingramcontent.com/pod-product-compliance
Ingram Content Group UK Ltd.
Pitfield, Milton Keynes, MK11 3LW, UK
UKHW021035260726
13994UKWH00005B/2157